"十二五"职业教育国家规划教材
经全国职业教育教材审定委员会审定

道路工程制图及CAD习题集

第三版

唐新 刘靖 主编

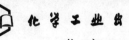
化学工业出版社
·北京·

目 录

子模块一　制图的基本知识和基本技能 ……………… 1
   图线练习 ………………………………………………… 1
   字体练习 ………………………………………………… 2
   尺寸标注（一）………………………………………… 3
   尺寸标注（二）………………………………………… 4
   比例及尺寸标注 ………………………………………… 5
   制图基本标准综合练习 ………………………………… 6
   几何作图（一）………………………………………… 7
   几何作图（二）………………………………………… 8
   几何作图（三）………………………………………… 9

子模块二　投影的基本知识 ………………………………… 10
   投影的基本知识（一）………………………………… 10
   投影的基本知识（二）………………………………… 11
   投影的基本知识（三）………………………………… 12
   投影的基本知识（四）………………………………… 13
   点的投影 ………………………………………………… 14
   直线的投影 ……………………………………………… 15
   平面的投影 ……………………………………………… 16

子模块三　体的投影 ………………………………………… 17
   平面基本体的投影 ……………………………………… 17
   曲面基本体的投影 ……………………………………… 18
   基本体的投影 …………………………………………… 19
   构型设计 ………………………………………………… 20

   截切体的投影（一）…………………………………… 21
   截切体的投影（二）…………………………………… 22
   截切体的投影（三）…………………………………… 23
   基本体综合练习 ………………………………………… 24
   组合体的投影（一）…………………………………… 25
   组合体的投影（二）…………………………………… 26
   组合体的投影（三）…………………………………… 27
   组合体的投影（四）…………………………………… 28
   组合体综合练习 ………………………………………… 29
   正等测投影（一）……………………………………… 30
   正等测投影（二）……………………………………… 31
   斜轴测投影（一）……………………………………… 32
   斜轴测投影（二）……………………………………… 33
   轴测投影综合练习 ……………………………………… 34

子模块四　剖面图和断面图 ………………………………… 35
   剖面图（一）…………………………………………… 35
   剖面图（二）…………………………………………… 36
   剖面图（三）…………………………………………… 37
   剖面图（四）…………………………………………… 38
   剖面图、断面图 ………………………………………… 39

子模块五　标高投影 ………………………………………… 40
   标高投影（一）………………………………………… 40
   标高投影（二）………………………………………… 41

标高投影（三）	42
绘制 A4 立式图幅	49
标高投影（四）	43
绘制简单二维图形（一）	50
标高投影（五）	44
绘制简单二维图形（二）	51

子模块六　钢筋混凝土结构图 …… 45

绘制简单二维图形（三）	52
钢筋混凝土桥梁结构图（一）	45
绘制简单二维图形（四）	53
钢筋混凝土桥梁结构图（二）	46
编辑二维图形（一）	54
钢筋混凝土桥台构造图	47
编辑二维图形（二）	55
钢筋混凝土桥墩构造图	48
CAD 图样的尺寸标注	56

子模块七　Auto CAD 2018 的基本知识 …… 49

子模块一 制图的基本知识和基本技能

图线练习 | 班级 | 姓名

用 A4 图幅抄绘以下图样，要求线型正确，交接分明（图线间距 7mm，不注尺寸）。

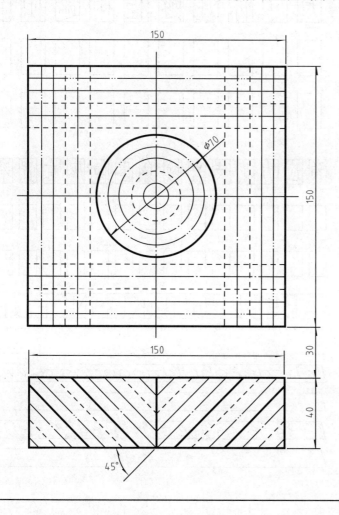

字体练习

班级   **姓名**

中桥高土民用道路采沿线 尺寸标注隧程雨遮阳台面

拱制桩基础钢筋混凝土洞柱现浇肋盖 预应力花岗岩墩身里做座右宽窄楼涵

ABCDEFGHIJKLMNOPQRST   ABCDEFGHIJKLMNOPQRST

abcdefghijklmnopqrstuvwxyz   abcdefghijklmnopqrstuvwxyz

1234567890Ø±%   1234567890Ø±%   1234567890Ø±%   1234567890Ø±%

请沿此线裁下

尺寸标注（一）

| 班级 | | 姓名 | |

（具体尺寸数据请从图上直接量取，取整数即可）

1. 标注长度　　　　　　　　　　　2. 标注高度　　　　　　　　　3. 标注直径

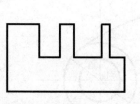 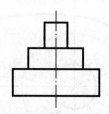 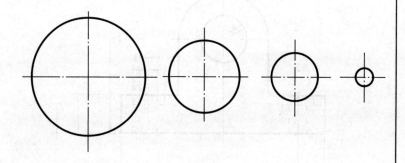

4. 标注半径（注：第一个及第五个半径尺寸分别为510mm、3mm）　　　　　　　　　　　　　　　　5. 标注角度

 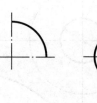 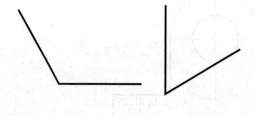

尺寸标注（二）

尺寸标注改错（注：不要增减尺寸个数）

1.

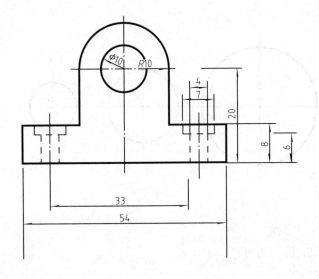

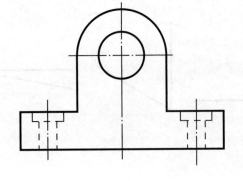

2.

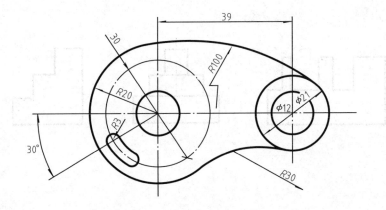

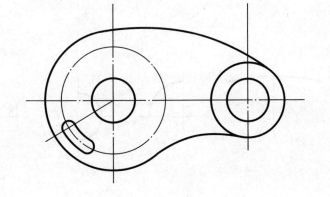

比例及尺寸标注

班级　　　　　姓名

按要求比例绘图，并标注尺寸。

1. 用 1.5∶1 的比例绘制一个长 46mm、宽 20mm 的矩形。

3. 用 1∶300 的比例绘制一个直径为 9600mm 的圆。

2. 用 1∶1 的比例绘制一个边长为 28mm 的正三角形。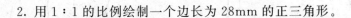

制图基本标准综合练习

用 A4 图幅，按指定比例抄绘以下图样。

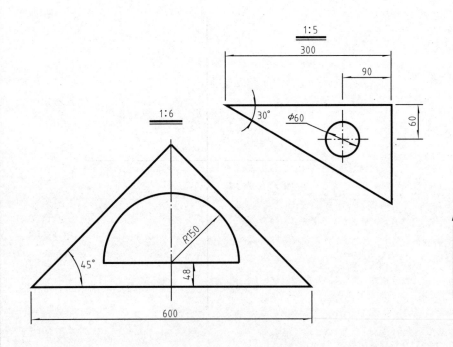
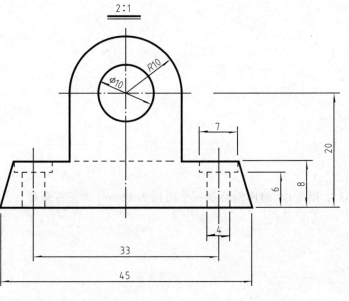

几何作图（一）

班级　　　　姓名

1. 作圆的内接五角星

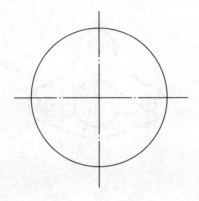

2. 作圆的外切正六边形

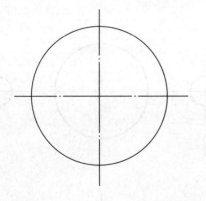

3. 完成路堤断面两侧边坡坡度标注（坡度1：1.5）

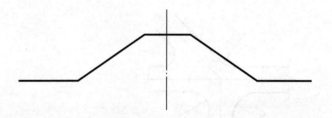

4. 绘制长、短轴分别为 AB、CD 的椭圆

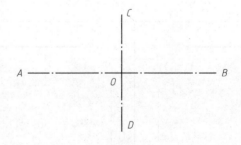

几何作图（二）

班级　　　　姓名

用 1∶1 的比例在下面抄绘小样图。

1.

2.

几何作图（三）

抄绘以下图样，要求线型正确，图线连接光滑（图幅、比例自选）。

1.

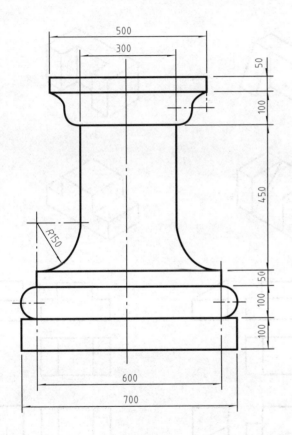

2.

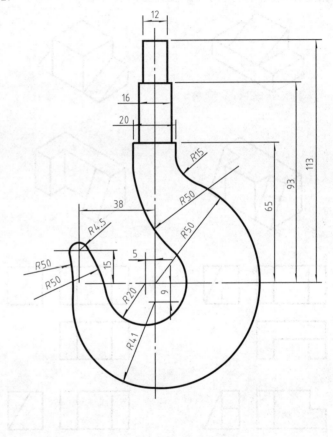

子模块二　投影的基本知识

投影的基本知识（一）

班级　　　　姓名

根据立体图找出对应的三面投影图，填入编号。

(1)　(2)　(3)　(4)

(5)　(6)　(7)　(8)

(　)　(　)　(　)　(　)

(　)　(　)　(　)　(　)

投影的基本知识（二）

根据立体图补齐三面投影图中的漏缺线条。

1.

2.

3.

投影的基本知识（三）

根据立体图，完成三面投影图。

1.

2.

3.

投影的基本知识（四）

班级　　　　姓名

根据立体图，绘制三面投影图（尺寸从立体图上量取）。

1.

2.

3.

点的投影

| 班级 | | 姓名 | |

1. 根据形体的立体图在其三面投影图上标注出点 A、B、C 的三面投影图。

2. 完成形体及点 A、B 的三面投影图，并在立体图上标注出这两点的位置。

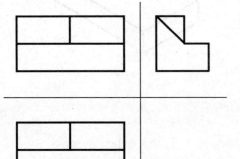

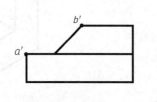

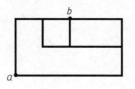

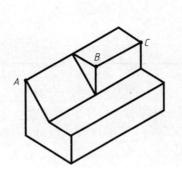

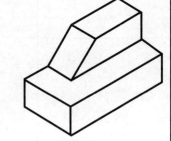

直线的投影

| 班级 | 姓名 |

1. 根据形体的立体图在其三面投影图上标注出直线 AB、CD 的三面投影图并判别直线的空间位置。

2. 完成形体及直线 AB、CD 的三面投影图，并在立体图上标注出来，判别直线的空间位置。

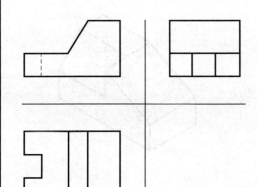

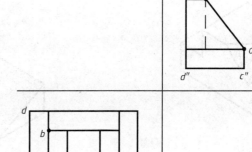

AB 是_____线。
CD 是_____线。

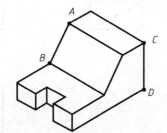

AB 是_____线。
CD 是_____线。

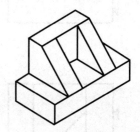

平面的投影

| 班级 | | 姓名 | |

根据立体图在三面投影图中按 B 面的形式标出指定平面的投影,并判别其空间位置。

1.

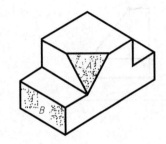

2.

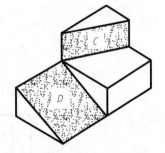

3.

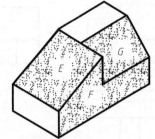

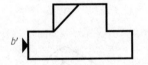 　　　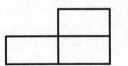 　　　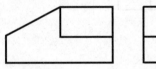

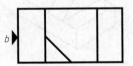　　　　　　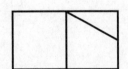　　　　　　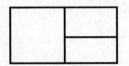

A 是_____面。　　　　C 是_____面。　　　　E 是_____面。
B 是_____面。　　　　D 是_____面。　　　　F 是_____面。
　　　　　　　　　　　　　　　　　　　　　　　　G 是_____面。

· 16 ·

子模块三 体 的 投 影

平面基本体的投影

班级　　　姓名

根据已知条件，完成平面基本体的三面投影图，并标注尺寸。

1. 正五棱柱，高 30mm

2. T 形棱柱，长 20mm

3. 四棱台，高 22mm

曲面基本体的投影

班级		姓名	

根据已知条件完成曲面基本体的三面投影图，并标注尺寸。

1. 圆管，高 26mm　　　　　　2. 半圆锥，长 20mm　　　　　　3. 平台，高 22mm

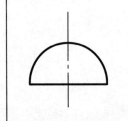

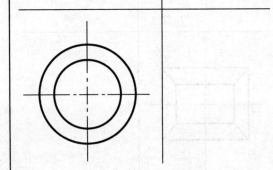

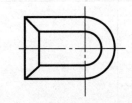

基本体的投影

班级　　　姓名

根据基本体的两面投影绘制第三面投影。

1.

2.

3.

4.

构型设计

| 班级 | 姓名 |

1. 根据正立面图，设计出三种不同形状的立体，并画出它们的平面图、侧立面图。

2. 根据形体的正立面图与平面图，设计出三种不同形状的立体，并画出它们的侧立面图。

截切体的投影（一）

班级　　　　　姓名

根据立体图，用1∶1的比例绘制截切体的三面投影图并标注尺寸。

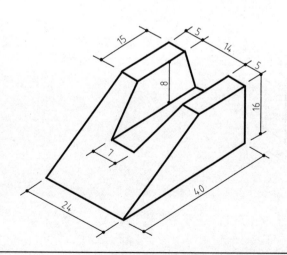

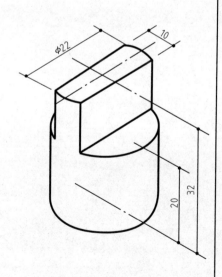

截切体的投影（二）

| 班级 | | 姓名 | |

根据立体图，用 1∶1 的比例绘制截切体的三面投影图并标注尺寸。

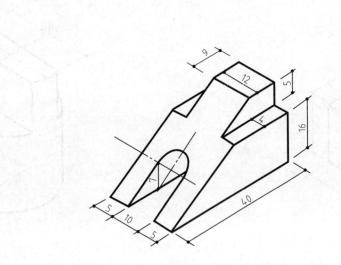

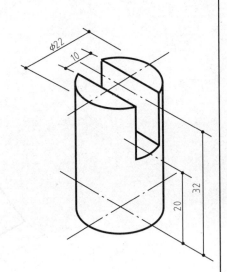

截切体的投影（三）

班级　　　姓名

完成截切体的三面投影图（不注尺寸）。

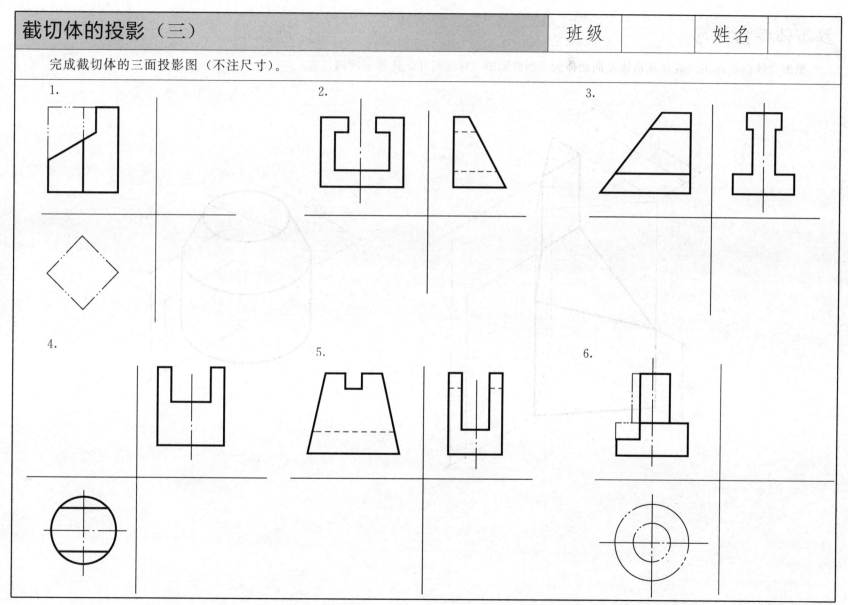

基本体综合练习

根据立体图绘制正三棱柱截切体及曲面体的三面投影图（标注尺寸，比例、图幅自选）。

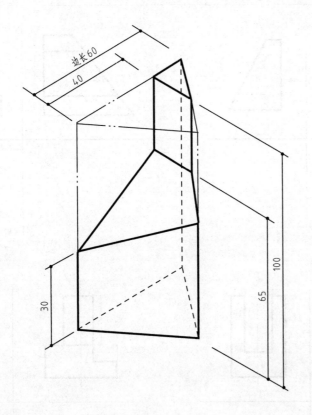

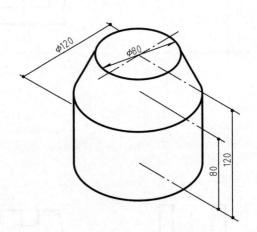

组合体的投影（一）

| 班级 | 姓名 |

根据立体图绘制组合体的三面投影图（尺寸直接量取，不注尺寸）。

1.

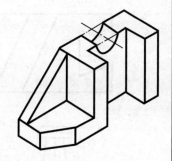

通孔

2.

3.

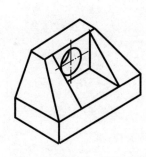

4.

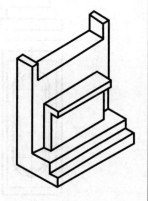

组合体的投影（二）

班级　　　　姓名

根据组合体两投影绘制完成三面投影图。

1.

2.

3.

4.

组合体的投影（三）

班级　　　姓名

补全组合体的三面投影图中漏缺的图线。

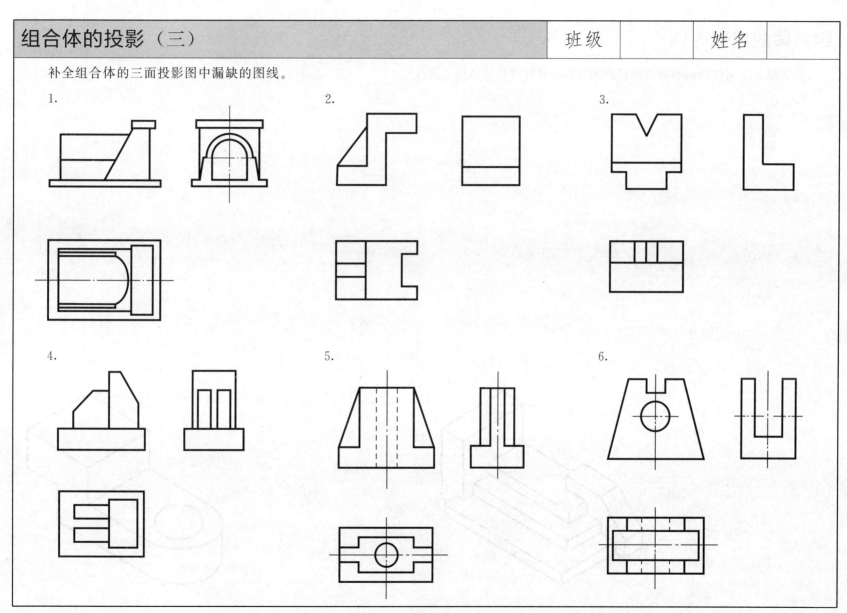

组合体的投影（四）

班级　　　　姓名

根据组合体立体图绘制其三面投影图并标注尺寸（尺寸从图上量取）。

1.

2.

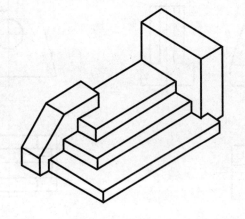

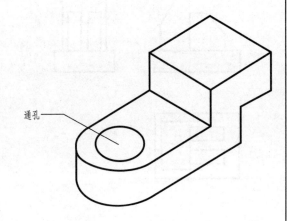

通孔

组合体综合练习

根据组合体立体图绘制组合体的三面投影图并标注尺寸（图幅、比例自选）。

1.

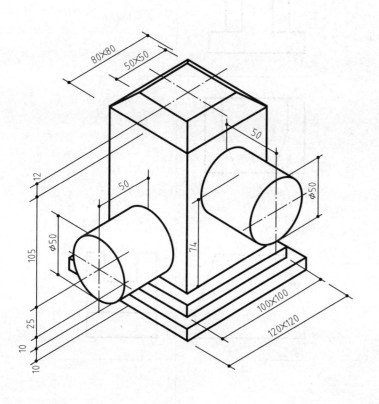

2.

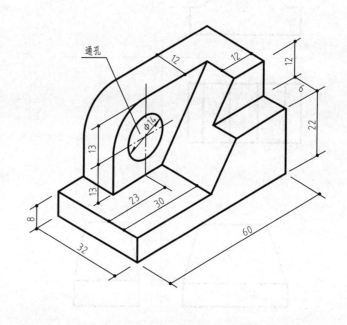

正等测投影（一）

班级	姓名

补画形体的第三面投影图并作正等测图。

1.

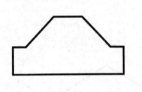

2.

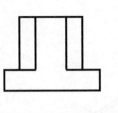

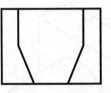

3.

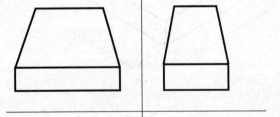

4.

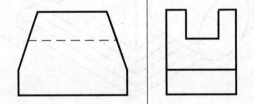

正等测投影（二）

班级　　　　姓名

补画形体的第三面投影图并作正等测图。

1.

2.

3.

4.

斜轴测投影（一）

| 班级 | 姓名 |

补画形体的第三面投影图并作斜轴测图。

1.

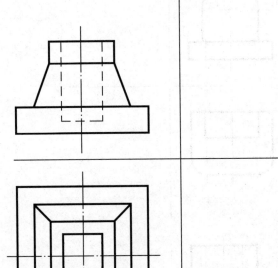

2.

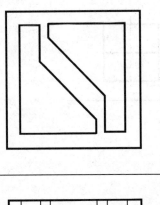

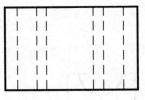

斜轴测投影（二）

补画形体的第三面投影图并作斜轴测图。

1.

2.

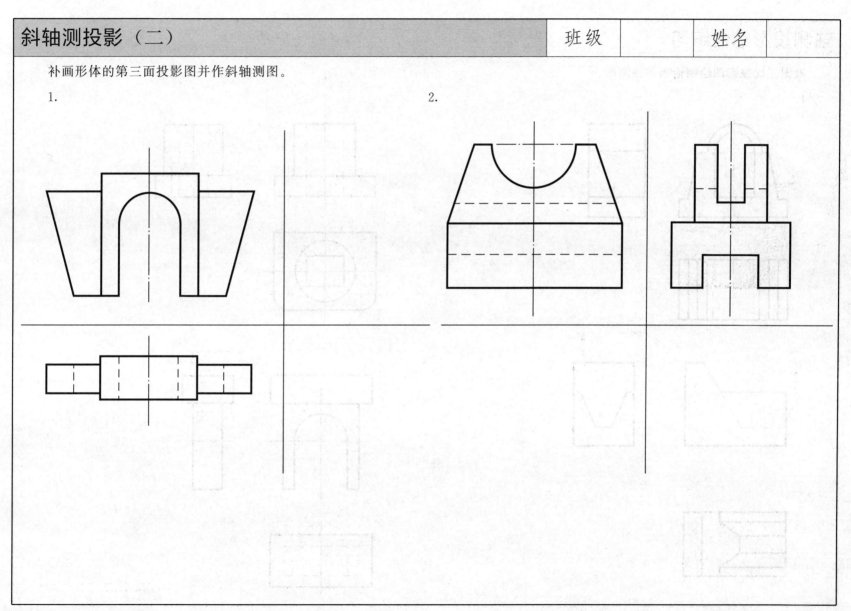

轴测投影综合练习

根据三面投影图绘制恰当的轴测图。

1.
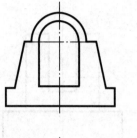 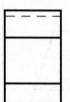

2.
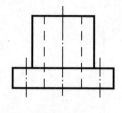
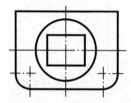

3.
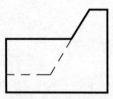
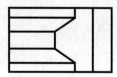

4.
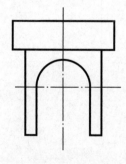 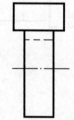
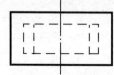

子模块四 剖面图和断面图

剖面图（一）

班级　　　　　姓名

补全剖面图中的漏线，并标注剖切符号与图名。

1.

2.

3.

4.

剖面图（二）

班级	姓名

根据立体图作指定的剖面图，并标注剖切符号与图名。

1. 将正面投影作成半剖。

2. 选择合适的剖面，画出涵洞的正立面和水平面投影的剖面图。

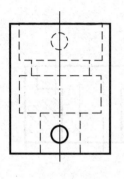
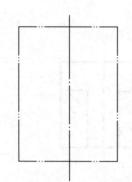
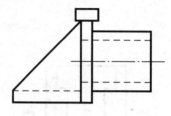
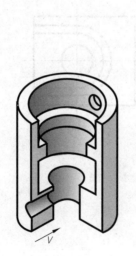
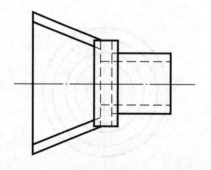
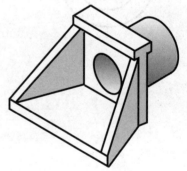

· 36 ·

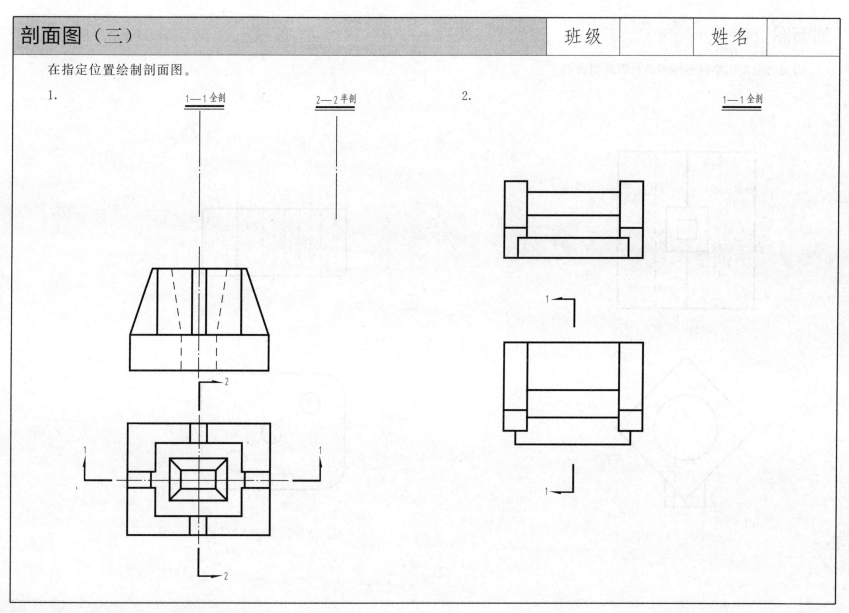

剖面图（四） 班级 姓名

用适当的方法绘制形体正面投影的剖面图。

1.

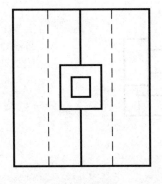

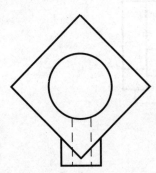

2.

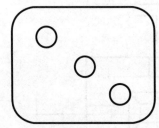

剖面图、断面图　　　　　　　　　　　　　　班级　　　姓名

1. 已知 1—1 断面，求作 2—2 断面、3—3 断面　　　　2. 绘制钢筋混凝土拱肋接头的剖面图、断面图

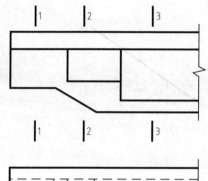
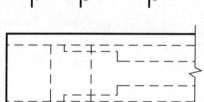
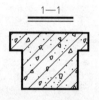
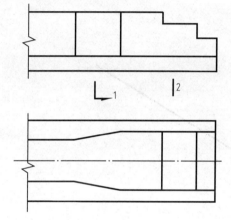

子模块五 标高投影

标高投影（一）

| 班级 | 姓名 |

1. 求作直线 AB 的实长、倾角 α 以及整数标高点，并计算其坡度 i 和平距 l

2. 求作平面的等高线和坡度比例尺

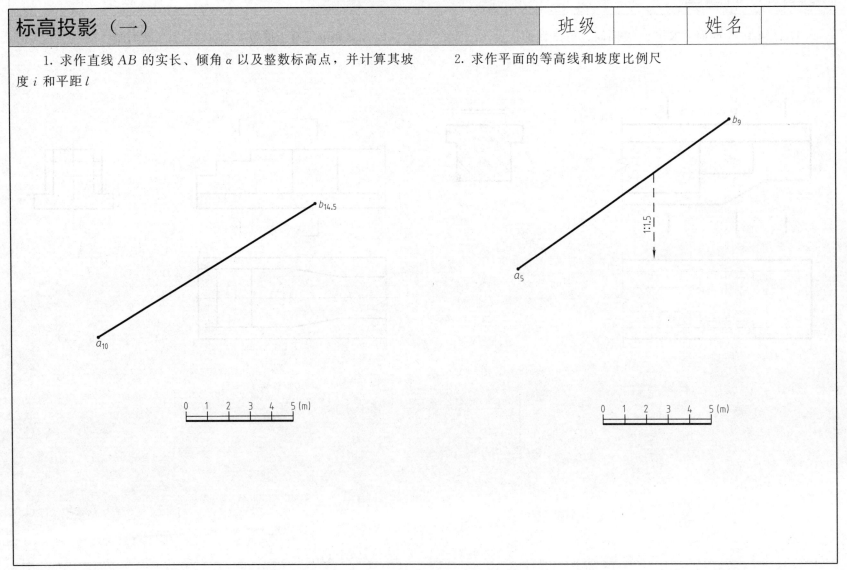

标高投影（二）

1. 求两平面的交线

2. 在标高为±0.000m的地面上开挖一水渠，渠底标高为－2.000m，各个边坡坡度均为1:1.5，求作开挖线及坡面交线

标高投影（三）

1. 已知两堤顶面的标高及各个边坡的坡度，求作坡脚线及各边坡的交线

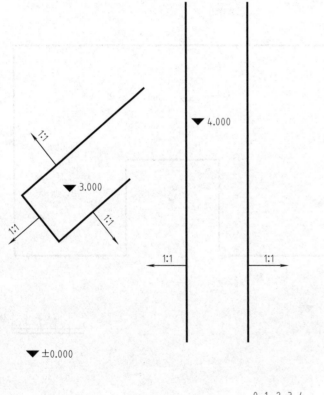

2. A 至 B 为一直线管道，用粗虚线和粗实线分别表明管道在地下和地表上的各段的标高投影

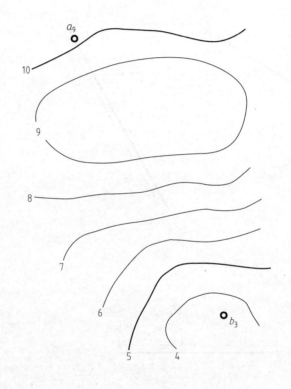

标高投影（四）

1. 求下图中矩形广场的坡面与坡面及坡面与地形面的交线

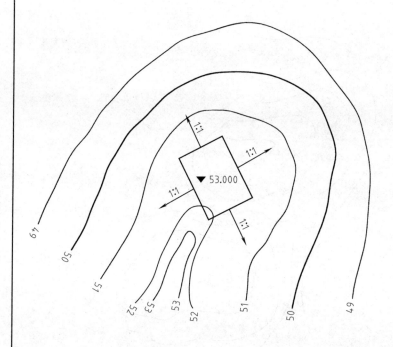

2. 求平面和地形面的交线

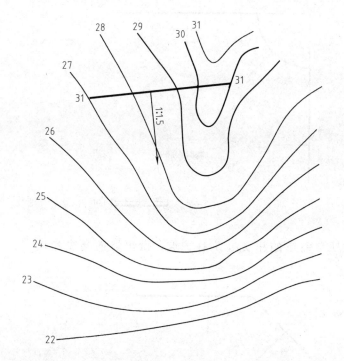

标高投影（五）

1. 在堤坝与河岸的相交处筑有锥体护坡，做出坡面交线和坡脚线

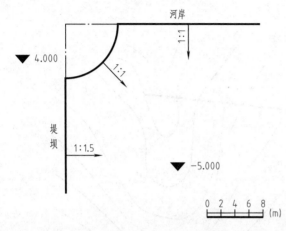

2. 在堤坝与河岸的相交处筑有护坡，做出坡面交线和坡脚线

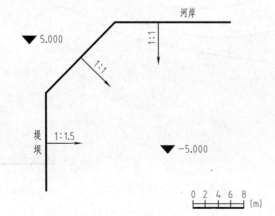

3. 沿管道 AB 的位置画出地形断面图，并将管道 AB 的地上部分画为粗实线，地下面为粗虚线

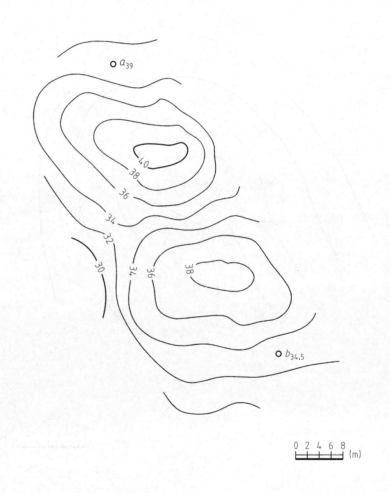

子模块六 钢筋混凝土结构图

钢筋混凝土桥梁结构图（一）

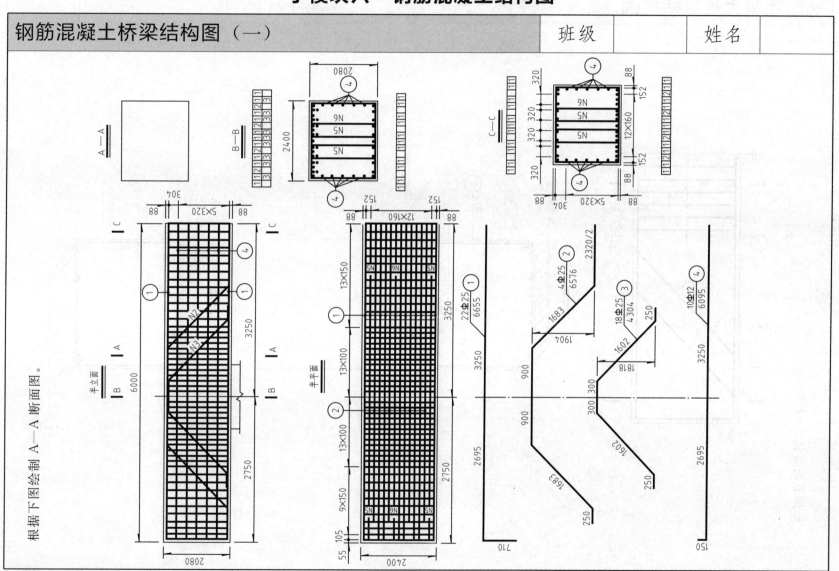

钢筋混凝土桥梁结构图（二）

| 班级 | | 姓名 | |

根据下图绘制 B—B 断面图。

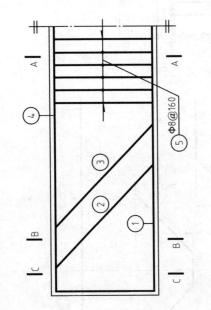
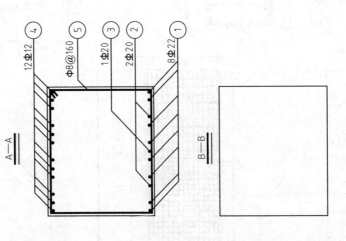
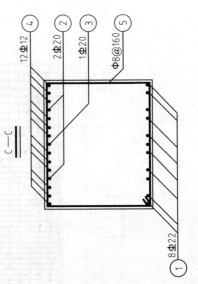

钢筋混凝土桥台构造图

抄绘桥台构造图。

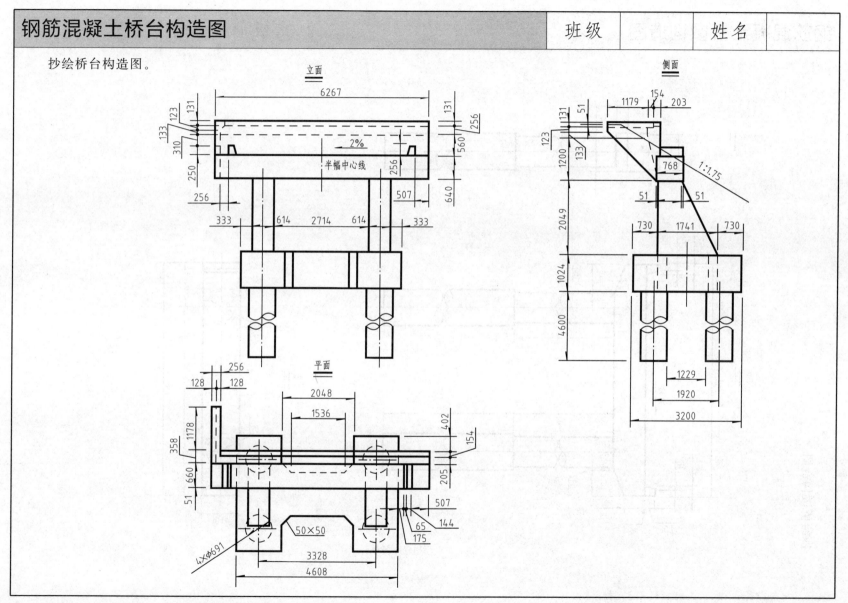

钢筋混凝土桥墩构造图

抄绘桥墩构造图。

子模块七　AutoCAD 2018 的基本知识

绘制 A4 立式图幅　　班级　　　姓名

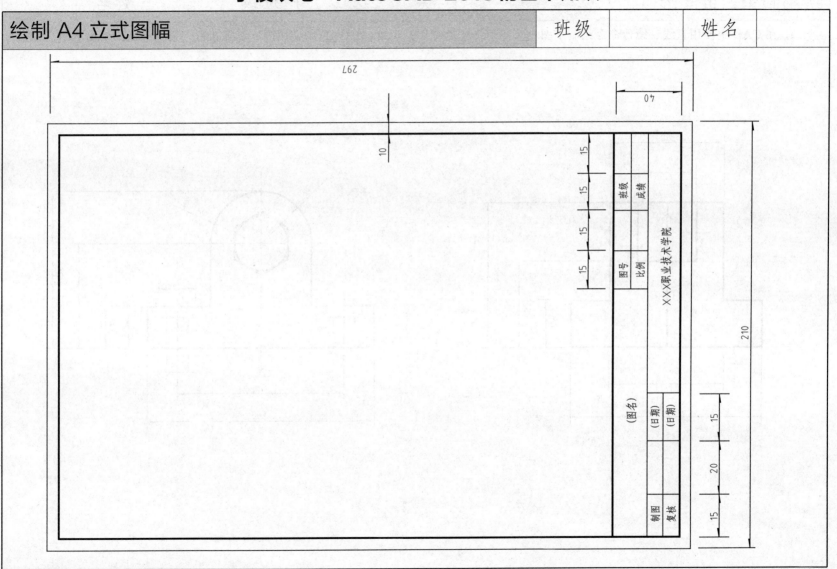

绘制简单二维图形（一）

| 班级 | 姓名 |

1. 在 CAD 中使用直线、镜像命令绘制下图

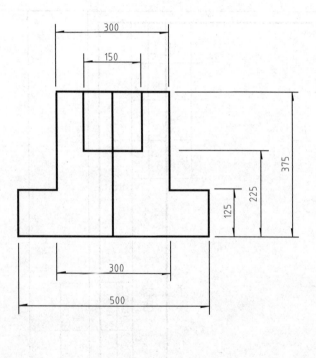

2. 在 CAD 中使用圆、正多边形、镜像等工具绘制下图

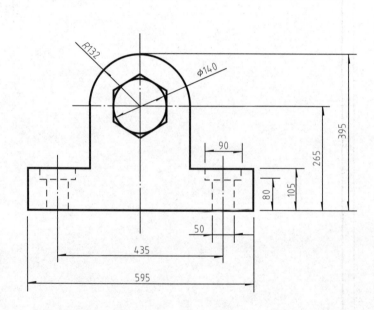

绘制简单二维图形（二）

班级　　　姓名

1. 在CAD中练习绘制、填充图案

2. 在CAD中练习绘制二维等轴测图

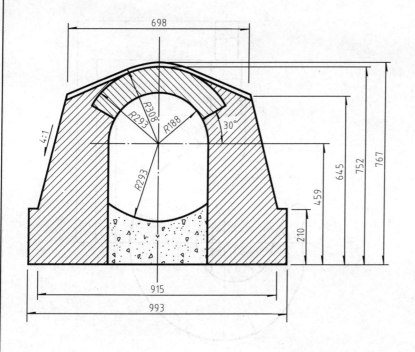

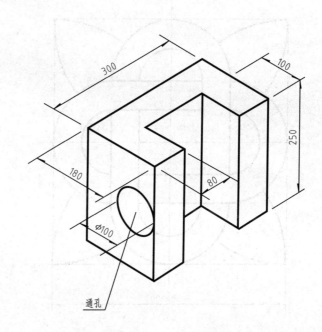

通孔

绘制简单二维图形（三）

班级　　　姓名

1. 在CAD中练习绘制图案

2. 在CAD中练习绘制吊钩

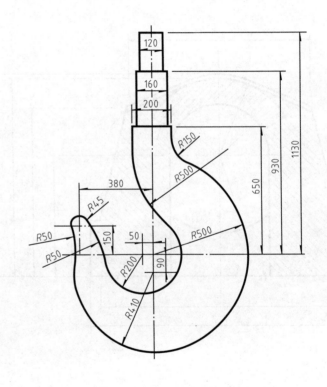

绘制简单二维图形（四）

班级　　　姓名

1. 在CAD中练习制作下列图块，并存储

2. 在CAD中绘制形体的等轴测及三面投影图

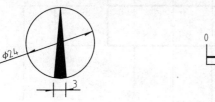
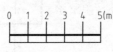
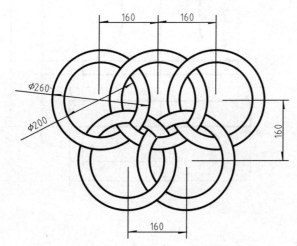
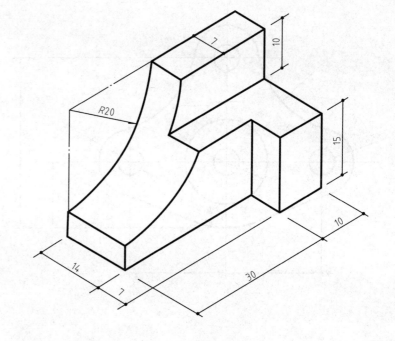

编辑二维图形（一）

| 班级 | | 姓名 | |

1. 在CAD中利用复制、镜像、拉伸的命令绘图，并标注尺寸

2. 在CAD中使用图形编辑工具绘制桥墩

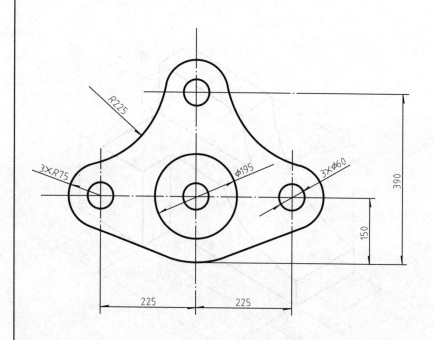
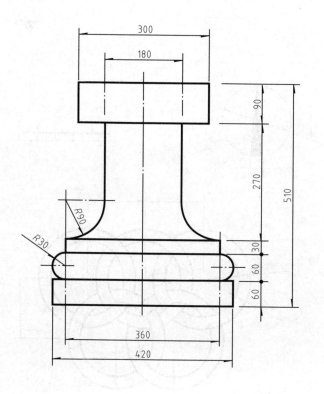

编辑二维图形（二）

| 班级 | 姓名 |

1. 在CAD中使用圆、偏移、剪切的命令绘制桥头梨形坝

2. 在CAD中使用圆、偏移、剪切命令绘制卵形涵洞

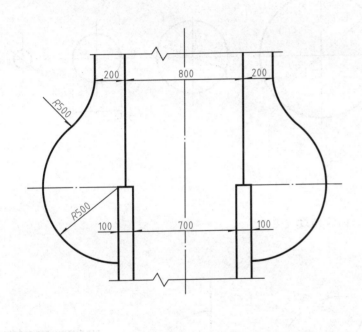
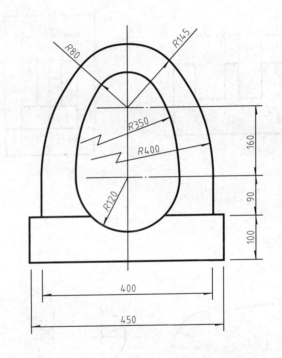

CAD 图样的尺寸标注

班级　　姓名

1. 标注连续、并列形长度

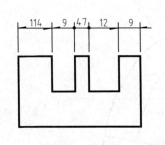 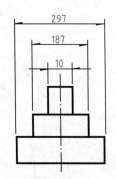

2. 标注直径

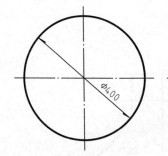  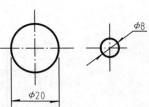

3. 标注半径

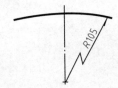 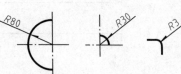

4. 标注角度

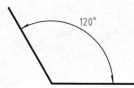 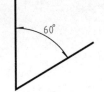 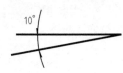